クロスワードパズル

の

教科書

寺崎 美保子 著

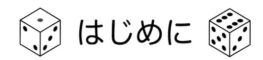

はじめに

　私が人生で初めてのクロスワードパズルを完成させたときの制作期間は、およそ3日間でした。制作に関してのノウハウが殆どなかったので、他の作品を参考にしながら試行錯誤を繰り返したことを今でもハッキリと覚えています。そうこうしていくうちに2本目のクロスワードパズルの制作を手掛けたのですが、こちらは6時間ほどで完成。だんだんコツを掴み制作ペースも上がり、小さなサイズのものであれば数分もあれば完成させられるようになりました。

　ところが、少し制作しない時期などがあると制作スピードは落ちてしまうのですから、不思議なものです。この感覚はピアノと似ているような気がします。ピアノは毎日弾いて練習しなければ指がまわりません。1日でも練習をサボると、その感覚を取り戻すのに3日間は掛かるものと幼少期からピアノの先生である母から叩き込まれていました。

　母の話で思い出しましたが、私がクロスワードパズルという存在を知ったのは小学生の頃でした。母が新聞に掲載されているクロスワードパズルを解いているのを横で見ていたというだけですけれど、その新聞に載っている問題は当然、何ひとつ理解することができませんでした。小学生の頃の自分にとって、クロスワードパズルを解くことができるのは大人だけだと感じていましたしね。

　クロスワードパズルではないのですが、私は子どもの頃からパズルゲームが好きでした。「テトリス」や「ぷよぷよ」などの落ちゲーと呼ばれるジャンルで、最近では、スマホゲームの「ロイヤルマッチ」

や「トイブラスト」などを暇さえあれば遊んでいます。そのことを踏まえて過去を振り返ると、中学生の頃にファミコンで遊んだ「ナゾラーランド」には特に思い入れがあることを思い出しました。このゲーム、世界文化社が発行していたパズル誌こと「パズラー」とのコラボ作品だったのですが、ひょんなことがキッカケでゲームの挿絵を描いていた"なんきん"先生の作品展へ足を運んだのです。そこで、パズラー編集担当の方と出会い、編集部へ遊びに行かせてもらったことがありました。まだ中学2年生の頃の話ですよ！今では考えられない貴重な経験。あとがきで趣味の世界で出会った業界の先輩の本を紹介しているのですが、その先輩が後に、その編集担当の方と引き合わせてくださり、実に20数年ぶりに再会できたという奇跡が起こりました。まぁ、そのときは3人で飲んだというだけでお仕事をしたわけではないのですが、それでも憧れの編集者さんにお会いできたことは嬉しかったのです。

　クロスワードパズルの世界は奥深いです。その魅力を少しでもお伝えできたらと思い、本書の制作に踏み切りました。私の経験に基づきクロスワードパズルを解くだけではなく、作って売り込むことができるようになるまでのノウハウをギッシリと詰め込みましたので、ぜひ最後までお読みください。

2023年5月　寺崎 美保子（てらこ）

目次

第1章

クロスワードパズル作家ってどんな仕事？

クロスワードパズルの昔と今

　クロスワードパズルは流行り廃りの少ない娯楽です。クロスワードパズルに限らず、ナンバークロスや間違い探しなどは昔から新聞の一面や雑誌の懸賞として掲載されているもの。たとえ、最近の情報ツールがスマホ中心だとしても、ゲームアプリで遊べますし、まだまだ紙媒体でも専門雑誌は沢山、売られ続けています。

　しかし、そのパズルを作成する作家となると媒体の数に比べ圧倒的に不足している上、特殊な言葉や専門性の高い言葉を多用したクロスワードパズルともなると、作成できる作家も限られるため作成料も比較的高額になる傾向があります。

パズルを解く側から作る側へ

　クロスワードパズルを解き続けていくうちに、「私でもできる」とか「私ならこうする」などといった気になることはあります。しかし、実際に作ろうと思ってトライしても簡単には完成できません。広く問題を解いてもらえるような問題の品質を保った上で量産するのは至難の業ですし、時間もかかるのが現実です。

　かつては、それをサポートしてくれる良質な本として「あなたにもできる！クロスワードパズル辞典」（著者・うさお / 東京堂出版）が、出版されていました。この本を手に取ったときは目から鱗でした。素晴らしいと思ったのは、クロスワードパズルだけではなく他のパズルの作り方のコツなども詳しく掲載されていたこと。まだ会社を立ち上げる前にこの本と出会ったことで、よりスキルを磨こうとい

う意識が高まったことを今でも鮮明に覚えています。

　月日が流れ、いつしか私自身もパズルの作り方について取材を受けるようになりました。そして、パズル作家を目指す人のための講座も開き、述べ人数だけで言えば教えた数は 1,000 人以上。そのなかでもプロとしてデビューした教え子は数十人はいる計算です。

　そんななかで、あえてこの本を書こうと思った理由はふたつあります。

❶「本当の意味で質の高い作品」を作るためのノウハウを
　伝えたいこと
❷「作品を売り込む」ためのスキルを伝えたいということ

　これまで、「間違いのないクロスワードパズルを作る」ことをテーマにした本は何冊か出版されていますが、「質の高い作品作り」のノウハウや、「売り込み」のテクニックを詳しく紹介した本は、特にありませんでした。

　質の高い作品を作るのは大変なことですが、残念ながらどんなに良い作品を作っても、その作品がクライアントや解き手の目に入り、解いてもらい、さらに高評価がなされなければ、仕事にはなりません。

　これは余談ですが、インターネットで「パズル作家」検索をすると私よりも前のページに出てくる教え子もなかにはいます。この事実を知って複雑な心境になったことは否めませんが、今では素直に教え子の活躍を喜んでいます。

パズル作家として成功するには

パズル作家がプロのレベルとして要求されるものは、以下の３つ。

❶ **クライアントの求める作品**
❷ **高い質を維持**
❸ **コンスタントに量産**

さらに、その上で作品を売り込む「プレゼン力」が不可欠とも言えるでしょう。

良いクロスワードパズルは解いた後に満足感や爽快感を感じることができます。逆に自分自身で良いと思えるクロスワードパズルが作成できたときは、頭のなかでカチッと何かがハマったときの高揚感や達成感を感じることもできます。

実のところ、世のなかには自動作成ソフトも存在します。しかし、現段階では、人の手が入ったグリッドやカギの表現の方がまだまだクロスワードパズルとして解きやすいです。ただ、AIの発達でそのような問題も解消される日が来るかもしれませんね。そうなったら逆転発想でAIによりクオリティの高いクロスワードパズルを作ってもらうよう学習してもらうようにしましょう。余談ですが、私は最近話題のAI, ChatGPTに「クロスワードパズルを作って」と、リクエストしています。そのたびに「辻褄が合わない」などと返答すると「申し訳ありません」という返し。どのくらいこのやり取りを続けたらAIは自分に代わってクロスワードパズルを作ってくれるのでしょう？正直な話、予測できないくらい時間と根気が掛かるような気はします。

パズル作家としての生き残りは時代の流れにアジャストできるか否かにかかっています。常に流行に目を向け、ときには時代を振り返り、クロスワードパズルを過去と未来の懸け橋にできるようにできたら最高です！

「子どものころは内気だった」

　コラムのコーナーでは、主に私自身の経験について書いていきます。私のこれまでの経歴を知っていただくことで、「自分もパズル作家になれるかも」と、みなさんに感じていただけるかもしれませんから。

　幼少期の私は、内気で話し下手、いろいろマイナス思考してしまうネガティブ少女でした。今の私しか知らない方は「嘘だぁ！」と思うに違いありませんが、本当の話なんです。

　子どものころの趣味は、切手収集。お気に入りの切手をピンセットで専用のアルバムに整理しては、飽きずに何度も眺めてひとり悦に入っていました。ほかには、ポプリを集めて眺めたり香りを楽しんでいたりなど、切手もポプリも、そのものの美しさを楽しむというよりかは、コレクションが増えていくことに快感を覚えていたような気がします。

　この収集癖はその後も続いていくのですが、年を取るにつれてターゲットが「もの」から「情報」へと移り変わっていきます。関心がカタチあるものから目に見えないものへと目移りしたことで、ものへの執着もだんだんなくなっていきました。

　幼少期を振り返れば、整理整頓ができない子だったため、部屋はものであふれかえって、あからさまに散らかっていました。また、テストが近くなると部屋を片づけはじめるなんていうことも…現実逃避といえばそれまでですけれどね。

続く▶

コラム　てらこのあしあと・1

▶続き

　その性格は大人になっても変わっていません。もの集める
よりは断捨離をするほうがスッキリするため、原稿の締め切
りが近くなると本棚を整理し、古本や書類などをバンバン捨
てる傾向にあります。本書の執筆にあたるなかで、何度、そ
の行動を繰り返したのかあやふやですが、今もこれを書きな
がら、棚の整理作業を併行しているのですから、なんだか
なぁってツッコミ入りそうです。

　そんな私ですが、今でも集め続けているものがあるとする
ならば、ズバリ人脈と答えるでしょう。「自分とともに行動
してくれる人がどれだけいるか」という部分へのこだわりは
おそらく誰よりも強く、その輪がどんどん広がっていくこと
に快感を覚えているためです。大げさかもしれませんが、人
生の使命があるのならば。

❶人と人とをつなぐ　　❷人の夢を応援する

　このふたつを私は大切に生きていきたいと願っています。
とくに①は、ハブのような役割を果たすことで、より人の心
をくすぶるクロスワードパズルを作りにつながっていると信
じて疑っていませんから。

第2章
クロスワードパズルの基本

　こちらが新聞などに見られる、オーソドックスなクロスワードパズルです。

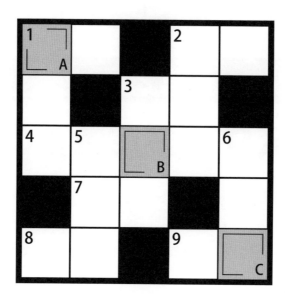

　クロスワードのサイズに制限はありませんが、小さいものは 2 × 2、3 × 3、一般的なものは 5 × 5 〜 15 × 15、大きいものは 25 × 50、いやそれ以上の観音サイズまで、さまざまなものがあります。

クロスワードに用いるマスの部分は、「グリッド」と、呼びます。

　クロスワードで使われる用語は、グリッド以外にもいくつかあります。そこで、この後の章に出てくる基本用語を確認していきましょう。だいたい日本語か英語なので、簡単です。

＜用語の説明＞

グリッド

　クロスワードの盤面です。基本的には正方形ですが、長方形や菱形、はたまた「変型」と呼ばれるモノなどのカタチを表現したグリッドなどがあります。

【グリッド】

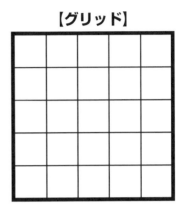

黒マス・白マス

　グリッドの中には「黒マス」と呼ばれる塗りつぶされた部分があり、ここが単語の切れ目になります。「白マス」をカタカナなどで埋めていきます。

白マス　　　　　　黒マス

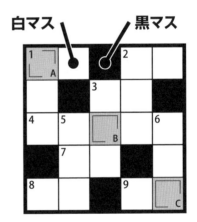

単語（ワード）

　白マスを埋めていくひとつひとつの言葉をさします。

【ワード】

カギ

グリッドの外に書いてある設問をさします。タテのカギとヨコのカギがあり、そこから導き出す単語（ワード）が交差（クロス）していることから、クロスワードパズルと呼ばれている所以です。媒体によっては、カギのことをキーと呼んでいるところもあります。

タテのカギ

1. ○○○○○
2. ○○○○○○○○○
3. ○○○○○

ヨコのカギ

1. ○○○○○○
2. ○○○○○○○○○
3. ○○○○○

ナンバリング

白マスのなかには、左上に数字が入っているマスがあります。この数字を「ナンバリング」と呼びます。ナンバリングのあるマスが、単語の始まりの部分です。

ナンバリングは、カギの番号に対応しています。「タテのカギ1」を解いたら、1番のマス目にタテにカギの答えを書き込んでいきます。

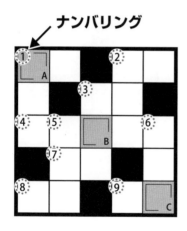

ナンバリング

キーワード

クロスワードパズルの最終的な
答えです。

クロスワードは「グリッドをす
べて埋めれば終了」と言うわけで
はありません。

白マスのなかには、ナンバリン
グとは別に、マスの右下にアル
ファベットが入っている箇所があ
ります。

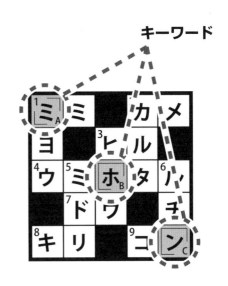

キーワード

グリッドを埋めたうえで、アルファベットの文字を選び出して並べ
てできるキーワードが「答え」になります。

このキーワードは懸賞つきのクロスワードパズルに設定されているこ
とが多いです。そのため、テーマに合ったキーワードがあらかじめクラ
イアントから指定されます。

以上が、基本のクロスワード用語です。
**「カギをヒントにグリッドのマス目をワードで埋めていき、完成し
たらアルファベットのマスからキーワードにたどり着く」**
ということです。

クロスワードパズルを解いたことのあるみなさんなら大丈夫で
しょう！

こちらは用語の説明で使用した実際のクロスワードパズルです。グリッドとカギ、および解答を一目で見ていただければ全体の流れは把握できます。

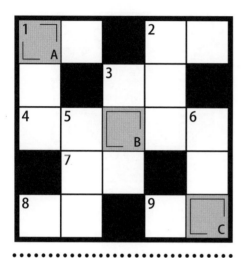

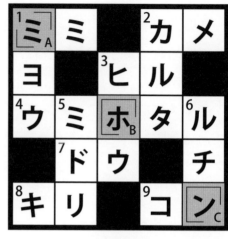

タテのカギ

1. あれ、おかしいぞ
2. 読み札と取り札
3. 誰にも見せたくない宝物
5. レッドが赤ならグリーンは
6. そば茶に含まれます

ヨコのカギ

1. 壁に〇〇あり障子に目あり
2. ウサギのライバル
3. 朝・〇〇・晩
4. 木更津人工島にあるパーキングエリアといえば
7. 3位のメダル
8. ピンから〇〇まで
9. 糸＋甘＝？

コラム　てらこのあしあと・2

「学生時代、企画することが楽しくなった」

　小学生の頃は内気であまり人と関われず、「ひとりでいるほうが気楽」というスタンスを貫き通していましたが、思春期になると心のどこかで、「寂しい」と感じるようになりました。

　その流れで目覚めたのが「課外活動」。

　ファミコンにハマったキッカケから、ゲーム関係のイベント会場に出かけたり、雑誌で文通仲間を募ったりして、学校の友人とは全く別の人脈を広げていきました。文通は1年間でいろんな人と1,000通以上をやり取りし、マメな性格の本領発揮ともなったのです。

　ゲーム関係では、イベントで知り合った仲間を集めてサークルを作り、今でいうオフ会を開催したり、メンバーに配る会報を作ったりしていました。
会報作りではサークルの仲間にイラストや文章作成を依頼し、それを自分なりにまとめて完成させ、メンバーに配布するという作業に没頭。中学・高校の頃からすでに編集作業を実践していたことになります。

　こうしてどんどん仲間が増えていくわけですが、最初の一歩を踏み出すのはいつも自分からです。

▶続く

コラム　てらこのあしあと・2

▶続き

　「ひとりでいるほうが気楽」という本来の性格が、「イベント企画」というジャンルにおいては、「とりあえず自分の思いつきがキッカケで道を切り拓くことができる」という武器になって花開いたようです。

　企画の段階で「どうしよう？どう思う？」などと人に頼っていると、なかなか前に進みません。

　企画さえまとまれば、イラストが得意な人にはイラストを、文章が得意な人には文章を、という流れでどんどん割り振ってこなしてもらえば良いのです。

　ところでアイデアというのは、人との会話のなかで生まれていくことが多いように見受けられます。「あったら良いな」を探してみて、実際にこれといったものが見つからなかった場合には、自分で作ってしまえば良いのだという発想。無から有を作り上げていくことは簡単なことではありませんが、完成させてこそ見える世界があるのもまた事実。これは、クロスワードパズルの制作過程にも共通しているものと言えます。

第3章

クロスワードパズルの
グリッドを組んでみよう

■ クロスワードパズルを作る順序

1 テーマを決める

2 グリッドのサイズを決める

3 黒マスの位置を決める

4 マスをワードで埋めていく

5 カギを作る

6 ナンバリングとキーワードの位置を決める

7 ミスがないかチェックする

　クロスワード作りは、「グリッド」に関わる部分と、「カギ」に関わる部分、それぞれの作業が独立しています。

　「グリッド」を作ってから、「カギ」を作ります。順番に見てみましょう。

1 テーマを決める

　クロスワードはとくにテーマ性がなくても成り立ちますが、作家としてデビューし、依頼を受けて作品を作る場合には、テーマが決まっています。

　例えば新年号であれば「お正月」「雪」「開運」「ウインタースポーツ」など、その時期らしいテーマを依頼されるでしょう。ワードやカギ、もちろんキーワードもテーマに沿ったものを取り入れて作ることになります。

　練習のためにクロスワードをつくる場合でも、テーマを決めておくのは悪くありません。このとき、あまり細かいテーマを設定しないで、「花」「動物」「歴史」「ファッション」など、範囲が広くて、関連用語が多いテーマから取り組むとよいでしょう。

❷グリッドのサイズを決める

　作家として依頼を受けて作る場合には、サイズは初めから決まっています。サイズが大きくなれば、それだけ作るのは大変になりますが、原稿料も上がります。

　今回は、初めてのクロスワード作りということで、やや小さめのグリッドサイズ、タテ5マス×ヨコ5マスの作品に挑戦してみましょう。

❸黒マスの位置を決める　黒マスの位置はシンメトリーが美しい

　ここにふたつのクロスワードがあります。

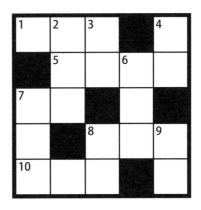

　ふたつを見比べてどう思いますか？

　どちらのクロスワードも黒マスがグリッド全体に分散しており、バランスは悪くないのですが、Aのほうがなんとなく落ち着く感じがしませんか？　実はAの黒マスは位置が斜めに左右対称、シンメトリーになっているのです。

　「黒マスの位置がシンメトリーでなければならない」というルールはありませんが、シンメトリーにすると見た目の美しいクロスワードができあがります。

　今、私がプロデュースする9×9以上のサイズのクロスワードパズルは、原則としてシンメトリーで作ってもらっています。

さらに、黒マスの位置を決める時に、いろいろな NG があります。これを守らないと、クロスワードパズルとして成立しないので、覚えておきましょう。

NG は次の通りです。

---

1 文字のつながりを黒マスで分断してはならない

2 黒マスが二つ以上重なってはならない

3 四隅に黒マスがきてはならない

4 ナンバリングの1については、タテのカギもヨコの
カギも入るために A や B の位置に黒マスがきてはならない

もう少し詳しく説明していきます。

1 文字のつながりを黒マスで分断してはならない

例を見ていただければ一目瞭然です。

黒マスでグリッドが仕切られ、孤立した部分ができています。これはクロスワード用語で「シマ」といいます。こうなっているものは、プロの作家のクロスワードパズルではありえません。

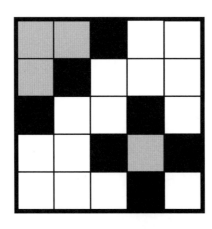

【悪い例】
シマができる

② 黒マスがふたつ以上重なってはならない

　黒マスがふたつ以上タテヨコに並んではいけません。こんなふうに
なっているクロスワードパズル、みたことありませんよね。

　斜めの連続は仕方がありませんが、原則としてふたつまでにしま
しょう。とくにグリッドのサイズが小さい場合は、なるべく連続しな
いように考えてみましょう。

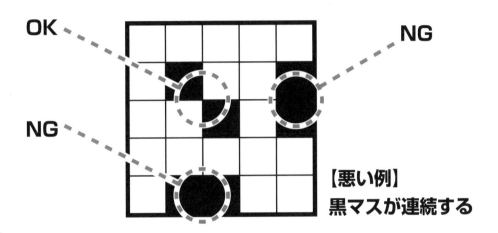

【悪い例】
黒マスが連続する

③ 四隅に黒マスがきてはならない

　これも、こんなクロスワードパズルは見たことがないと思います。
四隅には必ず文字を入れましょう。

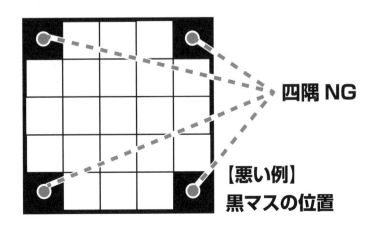

四隅 NG

【悪い例】
黒マスの位置

❹ AやBの位置に黒マスがきてはならない

　スタートとなるナンバリングの1は、タテにもヨコにも広がること が原則です。つまり、タテのカギ、ヨコのカギが揃っていなければな りません。

　そのため、AやBの位置が黒マスになるのはNGです。

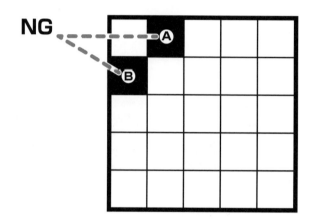

　以上の制約を守りながら作るには、コツがあります。それは、グ リッドのサイズが決まったら、まず黒マスの位置を決めてしまうこ とです。

　黒マスの数は、目安として全体の5分の1程度。5×5マスのクロ スワードなら、黒マスは5～6箇所にします。

　グリッドはシンプルに、基本に忠実に作りましょう。

■ マスをワードで埋めていく

　いよいよ、グリッドの白マスをワードで埋めていく作業です。「ク ロスワードパズルを作る」という作業で一番大事なところですね。

　ワードにも、いろいろなきまりがあります。まずはまとめて見てみ ましょう。

> **１** 名詞だけを使う
>
> **２** 同じワードをふたつ使用しない（同音異義語もダメ）
>
> **３** 差別用語、放送禁止用語、ネガティブワードは使わない

もう少し詳しく見ていきましょう。

１ 名詞だけを使う

クロスワードでは、動詞、形容詞、副詞などは、特別な場合以外使うことはありません。

名詞は活用がないので、明確に答えが決まりますね。動詞だと「泳げ」「泳ぐ」、「見る」「見た」など活用するので語尾が変化し、表記が曖昧になります。形容動詞では「○○○な人」にという穴埋め問題に、「ステキ」「キレイ」など、どちらが入っても成立してしまいます。

副詞の場合はさらに曖昧で、「○○○きれい」という穴埋め問題があったとして、「とても」でも「すごく」でも「かなり」でも当てはまってしまいます。

クロスワードは誰が考えても「答えはひとつ」というものでなければ、解答として成り立たないので、「名詞だけを使う」と決まっているのです。

さらに名詞でも「固有名詞」は特別な場合を除いて使いません。とくに企業名や商品名などは、勝手に使えないものもありますので注意してください。

一般名詞でも、マニアックな言葉、極端に難しい言葉、短縮した言葉などは使わないほうが無難です。

注意したいのが、頭に丁寧な「お」がつく言葉。「お天気」「お料理」「お金」など、女性なら普通に使いますが、クロスワードで使用する場合

は、「テンキ」「リョウリ」「カネ」となります。

　ただし、「お」がついて一般名詞になっているもの、「おやつ」「おしぼり」などは、「お」を入れて使います。でも、曖昧になりがちなので避けることが多いです。

　「あけおめ」「ことよろ」など短縮言葉も、基本的には使いません。雑誌などで、絞り込まれたテーマの知識を競うようなクロスワードでない限り、専門用語も避けたほうがいいでしょう。

　得意になって難しい言葉をワードに仕立てても、読者は喜びません。腕の見せどころはカギの巧みさであって、ワードは誰もが知っている一般名詞である、というのが理想的なクロスワードなのです。

❷ 同じワードを２つ使用しない

　ひとつのクロスワードに、同じワードが２回出てくることはNGです。「橋」と「箸」、「雨」と「飴」など、同音異義語もダメですよ。

　さらに、「地下」と「地下鉄」、「道」と「道草」など一部が被っているものもNG。かなり慎重に選ばないと、使ってしまいそうですね。

　また「ネイル」「ネール」、「ボウリング」「ボーリング」など、人によって表記の仕方がまちまちなものも、避けたいです。とくに、キーワードにかかる部分には使用しないようにしましょう。

　また、一文字の言葉は使えません。「木」「目」「葉」などはすべてNGです。

　促音「ッ」、拗音「ョ」、小さい文字「ァィゥェォ」は、すべて大きい文字として扱います。「給食」は「キユウシヨク」、「傑作」は「ケツサク」となります。

❸ 差別用語、放送禁止用語、ネガティブワードは使わない

「さすがに差別用語は使わないでしょ」と思うかもしれませんが、実は差別用語って、とても複雑なのです。

「ちび」「デブ」などが差別用語なのは誰でもわかると思いますが、本来は差別的な意味を持たなかったはずなのに、現在は差別用語に入っている、という言葉もあるからです。「未亡人」「痴呆」「看護婦」などがこれにあたります。

また、当たり前のように使っている「魚屋」「肉屋」も「〜屋」は差別用語に分類されています。「鮮魚店」「精肉店」が正解ですが、ワードとしては使いにくいですね。

では「ネガティブワード」とはどんなものでしょう。

これは、病気、災害、事故などを連想させる言葉で、その言葉自体は誰でも普通に使っているけれど、クロスワードにはそぐわないというものです。

「がん」「脱線」「津波」「不幸」など。これは個人の良識で判断するしかありません。

遊びで作って楽しんでいる場合はいいのですが、雑誌に掲載されるクロスワードの場合は、病気療養で入院されている人、通勤電車で楽しんでいる人なども多いもの。悪いイメージを連想させるような言葉とはあまり遭遇したくないですね。

つまり、ネガティブな言葉、暗い言葉は基本使わない。最初からこのスタンスで制作する気持ちが大切なのです。

これには同音異義語も含まれます。たとえば「古事記」は「乞食」を連想するのでダメ。「雁（がん）」も「癌」を連想するのでダメです。

誰だって、クロスワードを解いて落ち込むよりも、元気にすっきりした気分になりたいもの。自分の良識の範囲で、配慮をしながら作ってみましょう。

いかがですか？

思った以上に言葉の制約が多く、驚いた方もいるかもしれません。

でも、そこは気持ちを切り替えて。使えない言葉を取り除いたところで、まだまだ世の中に、言葉はゴマンと溢れています。

美しい言葉、元気になる言葉、優しい気持ちになる言葉。そんな言葉を織り交ぜながら、自分にしかできないクロスワードを作っていきましょう。

■テーマワードに合わせてグリッドを完成させよう！

あらかじめテーマが決まっている場合は、解答となるキーワードもそのテーマに即した単語でなければなりません。

たとえばテーマが「夏休み」なら、キーワードは「スイカワリ」「カキゴオリ」「ハナビタイカイ」などが考えられます。
このなかから、「スイカワリ」を選ぶのであれば、必ずこの5文字を含むワードを組み込まなければなりません。

しかし、5×5のような小さなグリットに5文字のキーワードを散りばめて組み込むには、容易なことではありません。

解答となるキーワードの位置について詳しく補足をするのであれば、

1. 全体に散らばるように配置し、近くに固まらないよう配慮する

2. タテ・ヨコがクロスしている箇所のみに配置し、同じ単語にふたつ以上の文字をキーワードに設定しない

こちらのふたつを念頭においてグリッドを組む必要があります。

○　スイ「カ」ワリ（スイカ割）ひとつなら OK

×　シ「ユ」ウ「カ」ク（収穫）ふたつ以上は NG

そのことを踏まえた上でテーマワードを組み込むのであれば、
「ウミ」「ユカタ」「ハナビ」 など、短い単語の候補をできるだけ沢山リストアップしておきたいところです。

今回は、ふたつのグリッドの例であげたAを元にできるだけテーマワードに沿った単語を組んでみます。

まずは、ヨコ4に注目してみましょう。

5文字が入るので、ここに

「スイカワリ」 を入れてみます。

できれば、真ん中の **「カ」** をキーワードに設定したいので、それを含む3文字を想定します。短い単語の候補で挙げた **「ユカタ」** がそれに相当しそうなので、**「ユ」** と **「タ」** を含む単語が入らないかどうかを想定します。

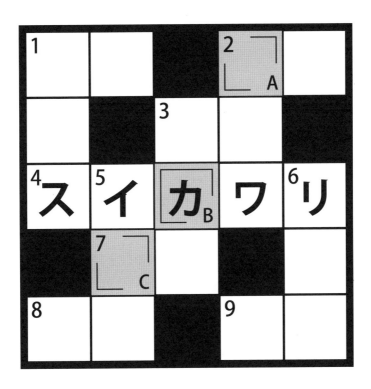

ただし、スタートにあたるタテ・ヨコ1はテーマワードで埋めたいところ。タテの場合は「ス」で終わる3文字に何が入るかを考えていきます。

○○ス

　候補にあげるなら、

アイス、イケス（生け簀）、エース、オンス、カラス、クロス、ケース、コース、サウス、シワス（師走）、タンス（箪笥）、テラス、ハウス、ヒッス（必須）、マウス、ヨウス（様子）…etc.

　まだまだ他にも候補をあげられますが、ヨコとの兼ね合いも見ていかなければならないので、

アイス

を入れてみましょう。

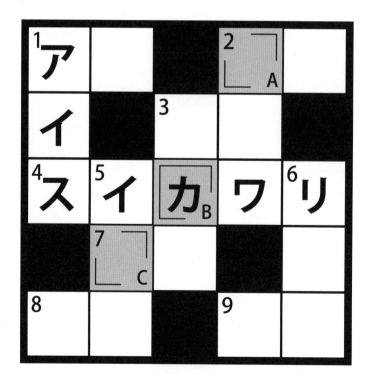

次に、ヨコは「ア」から始まる2文字の単語を考えていきます。

ア◯

候補に挙げるなら、

アイ（愛）、アオ（青）、アカ（赤）、アキ（秋）、アク（悪）、
アサ（朝）、アシ（足）、アセ（汗）、アナ（穴）、アニ（兄）、
アネ（姉）、アマ（海人）、アミ（網）、アメ（雨）、アユ（鮎）、
アリ（蟻）、アワ（泡）…etc.

他にも、候補はあげられますが、後につけるカギを意識するなら、

- **◯◯から早起きしてラジオ体操をしよう（朝）**
- **夏が終われば、やってくる（秋）**
- **暑い夏はダラダラかきます（汗）**

などの単語を選ぶと良いかもしれません。

¹ア	セ		²⬚A		
イ		³			
⁴ス	⁵イ	カB	ワ	⁶リ	
	⁷C				
8			9		

タテ・ヨコ１の単語を決めたら、次に、浴衣の「ユ」と「タ」をどのあたりに配置するかを想定していきます。

タテ２「ワ」で終わる３文字

〇〇ワ

タテ５「イ」で始まる３文字

イ〇〇

タテ６「リ」で始まる３文字

リ〇〇

このいずれか２つにキーワードで使う文字を入れたいのですが、小さなグリットでは、こだわりにも限界があります。トライ＆エラーを繰り返し、しっくりした単語を入れていくように心がけましょう。

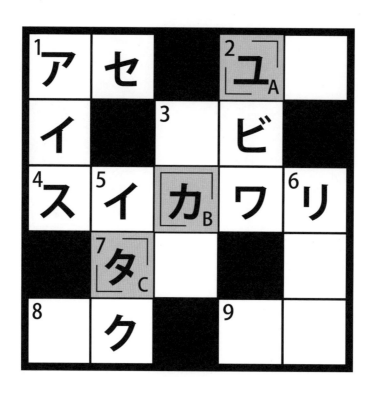

　カギは後で考えるとして、とりあえず以下のようにグリッドを
組んでみました。

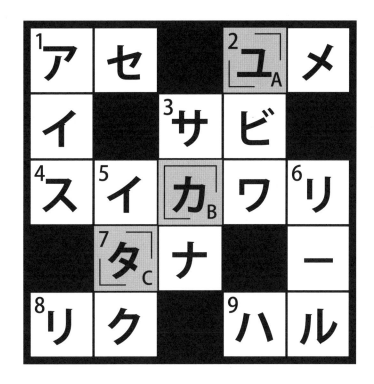

タテ

1. アイス
2. ユビワ（指輪）
3. サカナ（魚）
5. イタク（委託）
6. リール

ヨコ

1. アセ（汗）
2. ユメ（夢）
3. サビ（錆）
4. スイカワリ
7. タナ（棚）
8. リク（陸）
9. ハル（春）

実際にグリッドを組んでいけばわかるかとは思いますが、すべての単語をテーマに沿ったものに統一するのは、たとえプロでも簡単なことではありません。テーマに一致した単語が、グリッド全体の3〜4割程度組めれば、十分にそれらしく見えますし、テーマに関係なさそうな単語においてはカギで辻褄をあわせていく工夫が必要です。

　テーマにこだわったものを完成させるためにひとつでも多くの関連した単語をイメージする訓練に言葉遊びを推奨しています。まずは、ひとりでも複数でも良いので、テーマ縛りの「しりとり」を実践してみてください。

　たとえば「食べ物」をテーマにしてみた場合、

スイカ → カレーライス → すき焼き → きんぴらごぼう…

　できるだけ多くのテーマワードがつなげられるようにしていきます。いうまでもありませんが、

スイカ → カレーライス → スイカ

　のように、同じ単語が出てきたらアウト！

　これもクロスワードパズルのグリッドを組む基礎となりますし、テーマそのものをリストアップしていくことも作品をストックするうえで必要となります。

　それ以外にも、情報番組などを細かくチェックするなどして、テーマに関連した単語を瞬時にイメージできるようトレーニングを積み重ねてみてくださいね。

「大学時代、お笑いにハマる」

　大学生になった私は、カードゲームや、ボードゲームなどの仲間をどんどん増やしていくなかで、なんと競馬にハマりました。ずいぶん高い授業料を払いましたけど……。

　そしてサークル活動の代わりに学園祭の実行委員会に所属し、イベントの企画に奔走します。

　このときに出会ったのがお笑いの世界でした。

　キッカケとなったのは「爆笑問題」です。今でこそ誰もが知ってるコンビですが、当時はほぼ無名でした。たまたま深夜のテレビ番組で目にして「あれ、この人たち面白いな、学園祭に呼べないかな」と思いオファーしたところ、これが大盛況だったのです。その後、あっという間に「爆笑問題」が大ブレイクしたため、自分の目に狂いはなかったと自負しました。

　その後、私はお笑いにハマり、ライブへ通い詰め、とうとうスタッフまでするようになりました。

　この頃になると、少なくとも表面上は内気でも話し下手でもなく、積極的に人と関わり、自分の思いをどんどんぶつける、むしろぶつけすぎるキャラクターへと変わってきました。

　しかし本来の自分というものは、そう簡単に変わるはずがありません。

続く▶

コラム　てらこのあしあと・3

▶続き

　誰とでもすぐに仲良くなる反面、本当に相手と打ち解けるまでには時間がかかりました。「てらこさんがしゃべり出したら止まらない」と言われるトークは、相手との距離感に抱いている不安を隠すためでした。今でもそういうところがあるかもしれません。

　もともと内気でひとりが気楽な私だからこそ、ぐいぐい自分で物事を進めていく方法でうまくこなしたんじゃないかなと思います。

　たとえて言うならそれほど美人じゃない人はメイクの研究によって、仕上がった印象がステキに見える、なんてことも、ありますよね。

　大学時代にお笑いにハマり、たくさんの漫才やコントを観てきたことは、セミナーやポーカー実況のアナウンスなどに役に立っていると思います。

　「好き！」と思うことにはどんどん追求してみてください！いつかそれが財産になるかもしれませんから。

第4章

カギをつけてみよう

■「カギ」は作り手の手腕が問われるキモ

　さて、3章では「グリッド」について紹介してきましたが、ここからは、「カギ」のつけ方について掘り下げていきます。

　クロスワードの「キモ」と言えるのが「カギ」の部分。プロのパズル作家であっても、センスの良し悪し、技量などにはっきりと差が出ます。

　見方を変えれば、人気作家の作品は、例外なく「カギ」に工夫がこらされており、ファンを夢中にさせます。

　つまり、あなたの作った作品がクライアントや読者などに認められるかどうかも、「カギ」のレベルにかかっているのです。

　グリッドそのものは多少簡単な作りでも、「カギ」が個性的で、「面白い！」「なるほどね」と唸らせるものであれば、採用される可能性は高くなります。

　誰もが知っている簡単な言葉でも、いかに解き手をうならせるカギがつけられるかどうかは作り手の手腕が問われることになります。

センスよりも地道な努力が大事

　もともとセンスのある人は、あまり苦労することなく、自然とおもしろいカギを作り出すことができます。

　しかし、多くのクロスワードパズル作家は、もともとのセンスに加えて、経験や知識、努力で面白い「カギ」を作り出しています。大切なのは、その努力を惜しまないで頑張れるかどうかという部分なのです。

　自分では、クロスワードパズルとして問題のない作品ができたとしても、そこで「完成作品！」と考えてしまってはいけません。そのクロスワードのどこにどう手を加えたら、作品をよりおもしろいものに

できるのか。ブラッシュアップを重ねる努力ができる、手間をかけることができる人が、パズル作家として成功します。

　そのクロスワードが面白いか面白くないかを決めるのは、「カギ」の完成度にかかっていると言っても過言ではありません。

　このことを忘れずに、まずは「カギ」を作る際のルールから勉強していきましょう。

■パズルとクイズでカギも違う？

　パズル作家「たきせあきひこ」さんから聞いたエピソードを紹介します。

「きつねとたぬきは何類？」

という設問があった場合、答えはふたつあるというのです。

クイズの答えは→哺乳類
パズルの答えは→麺類

何が違うのか、おわかりですか？

　クイズには「知識を問う問題」という意味がある一方で、パズルには「困惑させる」という意味があります。つまり、パズルには「ひねり」の要素があることを上記の設問で解説していただいたわけです。そのことを踏まえた上で、カギのつけ方を次から確認してみましょう。

■ カギ作りのルール

カギ作りのルールを、ひとつひとつ見ていきましょう。

❶ カギの文字数は長くなりすぎないよう 15 文字前後に収める

特別な場合を除いて、カギは、簡潔にまとめましょう。長い文章の
カギは説明っぽくなりがちなため、おもしろみが欠けてしまいます。

全体のバランスをみながら、さまざまな工夫をこらしたカギをつけ
るようにしましょう。

❷ 辞書の丸写しは論外！

間違いのないようにと思うと、ついつい辞書の解説そのままの文章
を使いたくなりますが、これは全体にダメです。そんなことしたら
AI にポジションをうばわれてしまいます。単語ひとつ取っても多方
向から表現できるかが試されます。

たとえば「ツエ」という単語の場合、「ステッキ」、「転ばぬ先の
〇〇」、「3 本目の足」など、さまざまなバリエーションのカギをつけ
ることができます。ぜひ、オリジナルのカギを作りあげてください。

❸ タテ・ヨコ 1 のカギは簡単なものにする

「さて解くぞ！」と始めたクロスワードのカギが、いきなり難しかっ
たらどうでしょう。解き手は、やる気が失せてしまうかもしれません。

最初に解く「カギの1」は、さほど悩まなくても答えが出るものかつ、
テーマにそったものにしましょう。「ところが、そのあとなかなかの難
問が続いて…」というのが、質の高いクロスワード作りのテクニックです。

❹ カギの難易度に気を配る

「そのあとなかなかの難問が…」とはいえ、いくら考えても答えが出ないカギでは困ります。

単語を一般的なものにしても、カギからその単語を導き出すのは意外に難しい、というケースはよくあるもの。

たとえば

「後世に残したい流儀。意匠を凝らすこと」

というカギ。

実はこれ、広辞苑から引用したものなのですが、答えは簡単に出てきませんよね。

正解は**「風流」「フウリュウ」**ですが、かなりの難問です。しかも、答えがわかったときに、「ああなるほど！」という驚きもさほどありません。このようなカギはあまりセンスが良いとはいえないのです。

「粋だねえ、○○○○○だねえ」

なら、少し悩めば答えが出ますし、カギとしてもひねりがあります。

独りよがりな難問を作らないように、十分注意しましょう。

以上が、カギのルールです。次に、おもしろいカギをつけるためのさまざまな方法を紹介します。

■ カギのパターンをいろいろ持っておこう

さて、カギの基本的なルールがわかったところで、今度はカギの「構造」についてのお話です。クロスワードの「カギ」にはいくつものパターン（形式）があります。

「カギのレベルが高い作品」では様々なカギのパターンをバランスよく取り入れています。「見せ方がうまい」といってもいいのかもしれません。

クロスワードをエンターテインメントだと考えるなら、笑いあり涙あり、歌ありダンスありの方が絶対に楽しいですね。そんな楽しさを演出する方法として、できるだけ多くの「カギのパターン」を持っていること、そしてそれを自由自在に使いこなせる力が必要になってくるのです。

実際にどんなパターンがあるのか、紹介していきましょう。

クイズ形式のカギ

最も一般的なカギのスタイルです。

原則的に答えはひとつ。

「干支で子・丑ときたら？」→ トラ

「元素記号でOといえば？」→ サンソ

など、知識があれば答えが自ずと出てきます。

シンプルなカギだけに、作り方ひとつで難易度を調整することができます。

たとえば

「そば粉のクレープ」

「ドイツ、オーストリア、ポーランドに囲まれた国」

答えはそれぞれ、**「ガレット」「チェコ」**ですが、少し悩みますよね。

　このように、

「ええと、なんだっけ、ここまで出かかっているのに…」

とうならせるのが良問だといえます。

なぞなぞ形式のカギ

　「赤い帽子をかぶったら背が低くなるよ」→ ロウソク

　「火がなくても燃え上がるものは？」→ レンアイ

　など、知識ではなく頓智やユーモアで答えるカギです。

　なかなか答えが出ないこともありますが、ほかの単語が埋まっていく過程で答えが見つかったときに「なるほどね！」と思わず声を出してしまうような楽しさがあります。

　多用すると少々クドくなりがちになりますが、入っていると楽しさが倍増します。

雑学形式のカギ

　普通のクイズ形式に比べると、やや専門知識を要するカギです。

　クロスワードのテーマがはっきりと決められていて、解くことでそのテーマについての知識が増えていく、といった場合に使われます。

　たとえば「クロスワード」がテーマなら、

　「1913 年、世界で最初にクロスワードが掲載された、

　アメリカの新聞は『ニューヨーク○○○○』」→ ワールド

といった具合。

　解く際に、辞書やネットで調べる作業を強いることもありますが、解き終ったときに、達成感も得られます。

　誰かに「ねえねえ、知ってる？」と話したくなるような内容をカギにできるといいですね。

穴埋め形式のカギ

　文章に空いている部分があり、そこを埋める問題。雑学のところで例に挙げたカギもこのパターンです。

　よく使われるのは、慣用句やことわざを設問にしたとき。

「雀の〇〇〇ほどの謝礼をもらった」→ ナミダ

「二階から〇〇〇〇」→ メグスリなど。

　簡単なものと、やや難しいものを使い分けることで、クロスワードのレベルを調節できます。

　ただし、ひとつの単語を一部だけ穴あきにするのは NG。

「恋文のこと、ラ〇〇レター」で**「ブレ」**を答えさせようとするようなものなどは、成立しません。

　ほかにも、**「転ばぬ先の〇〇」**のようなカギに入る「〇」は、漢字の文字数ではなく、読み仮名の数だけ表記する必要があります。

対義語・同義語形式のカギ

　対義語の場合は、

「⇔左」→ ミギ　　　「⇔下」→ ウエ

などのように、矢印で回答を示唆するのが一般的です。

「左の反対」

のように、言葉で表す場合もあります。対義語の場合、正解はほぼひとつです。

　一方の類義語は答えが複数になるものもあり、使い方に注意が必要です。

　周辺の単語との絡みから答えが推測できる場合は、解答が複数あるものでも使用できますが、あまり絡みがない場合は、ひとつにしぼり込める類義語を使うのが基本です。

たとえば、

「すぐ前の年」→ 昨年（サクネン）
「納得しないこと」→ 不服（フフク）

など、共通する言葉の意味をカギの中で説明した上で、類義語を連想できるように工夫しましょう。

答えが複数ある形式のカギ

意図的に、答えがいくつもあるカギを作る方法もあります。

それだけでは答えを出せませんが、タテヨコの単語の絡みから、これだと思う答えを導き出します。

「12 星座のひとつ」「果物の仲間」 など。

ただし、曖昧な設問も NG とは言いませんが、あまりにも答えの範囲が膨大だと、正しいのかどうかの判断が難しく、解くほうも釈然としないでしょう。

そこで、解答がある程度数が限られているものにして、スッキリ感を与えるテクニックを紹介します。

たとえば「星座のひとつ」「食べ物の仲間」では、範囲が広すぎますが、「12 星座のひとつ」「果物の仲間」とすることでより答えを絞り込むことができます。

抽象形式のカギ

辞書を引いたときに書かれている説明書きに近い形式。

これは、意外に答えを導き出すのが難しいものです。とくに説明が抽象的な場合は、答えを見つける難易度も上がります。

たとえば

「自分の立場に応じてやらなければならないこと」

では、なかなか答えが出てきませんよね。そこで、前のカギに「**教育、労働、納税は、国民の三大〇〇**」を補足すれば、答えは「**ギム**」。少し考えれば出てきます。

　逆を言えば、あえてフォローしないことで難易度を上げることもできます。その場合は、他の単語との絡みで答えが導き出せるようにするなどの配慮が必要になります。

スリーヒント形式のカギ

　名前のとおり、3つのヒントが並んだカギです。
　3つのヒントに共通する単語が、正解です。
　　「**八重・しだれ・山**」
答えは「**サクラ**」といった簡単なものから、
　　「**暴風 , エミリー・ブロンテ , 山＋風**」
答えは「**アラシ**」という、ややひねったものまで様々。

　連想ゲームの感覚で作りますが、単純でありながら、作り手の知識やひらめきが試されるカギです。わかったときの達成感も魅力のひとつです。

　以上、よく使われているパターンをいくつか紹介しましたが、これ以外にも、カギは限りなく無限に作り出せます。

　ルールさえ守っていけば、作り方、見せ方は作家の裁量に任されているだけに、自由度が大きく個性的なカギも次々に生まれてくるものです。

　だからこそ、カギは作家にとって腕の見せどころ、勝負どころとなります。

■ どんな言葉で表現するか

　カギを作る上で必要とするスキルは「コピーライター」としての語彙力です。

　ここで、カギをつける練習も兼ねて、ひとつの言葉に対していくつの表現ができるかトライしてみましょう。

　たとえば**「シロ」**。

　まずノーヒントで、あなたはいくつのカギがつくれますか？

　形式は自由ですので、先ほど説明したルールを守って作ってみましょう。

　この単語でまず考えるべき点は、同じ「シロ」でも、「白」「城」「代」などいくつかの同音異義語があるということです。

　クロスワードの場合はすべてカタカナ表記ですから、どの「シロ」を使って答えを導き出しても構いません。

　これでかなり選択肢が増えますよね。

　では「白」を使ったカギで、どんなものが考えられるでしょう。

　「英語でホワイト」。

間違いではありませんが、あまりにも芸がありません。

　「北海道のお土産の定番といえば○○い恋人」

なら少しひねりが効いているように見受けられますが商品名を使うのは好ましくありません。

　視点を変えて**「城」**を使ってみましょう。

　「天守閣のある建物」

これもとてもストレートですが、まあ悪くはありません。

　「姫路、熊本、彦根、名古屋が有名」

だと、ちょっとひねりが効いていますね。

　それ以外にどんな「シロ」の使い方があるでしょう。たとえば、

　「刑事の勘で、あいつは○○だな」

とすれば、答えは「シロ」か「クロ」か、二択で迷ってもらうのも面白いかもしれません。

　このようにひとつの単語に対して、どれだけ多くのアプローチができるかは、カギをつけるうえで経験の差がハッキリ出るものだと言えるのです。

■ どんなリズムで表現するか

　カギのセンスが問われるもうひとつの要素それは、文章のリズム感です。

　前章でも書いたように、カギに使う文字数の目安は 15 文字前後ですが、すべてのカギが同じ長さでは、メリハリのないクロスワードになってしまいます。

　やや長めのカギと簡潔なカギを織り交ぜることで、メリハリを出せますし、「解きやすさ」という点でもアプローチできます。

　では具体的に、どれくらい短いカギがつけられるでしょうか。

　「接吻」→ キス

なら、カギも答えも 2 文字ですね。

　これはこれで成立しますが、リズム感という面から見ると多用はできません。

　長めのカギとカギのあいだのアクセントに使えばメリハリが出るでしょう。

　もう少し長めで、

　「魚へんに弱い」→ イワシ
　「題名のこと」→ タイトル

などはどうでしょう。これもきちんと答えを導き出すことができますし、解き心地の「えーと、なんだっけ」の要素も入っています。

また、

「ヴィンセント・ヴァン・ゴッホの代表作。ソフィア・
ローレン主演の映画には泣かされました」

のように、30文字を超えるカギでも、「へえ」と思えるような情報が
入っていたり、アプローチが全く違う二方向からであったりすれば、
価値が上がります。

　答えは**「ヒマワリ」**ですね。

　あえて「ゴッホ」ではなく「ヴィンセント・ヴァン・ゴッホ」といっ
たフルネームを入れることで、**「なるほどそういう名前なのか」**
といった知識も得ることができます。

　ときには、長めの文章が逆に功を奏して、全体のリズム感が生まれ
ることもあるのです。

　一方で、統一感がリズムにつながるケースもあります。

　　「青菜に〇〇」→ シオ
　　「命あっての〇〇〇〇」→ モノダネ
　　「〇〇〇〇下暗し」→ トウダイ

のように、すべて穴埋め式にまとめた。

　　「アに丸をつけたら」→ アニマル
　　「この動物には、もううんざり。コリ〇〇〇」→ ゴリラ

と、すべてダジャレで表現する…など。

　物語風にしたり、セリフ調にしたり、五・七・五でまとめたり…
etc. 自由自在にカギをつけることができてこそ、一人前のプロと言え
るようになるでしょう。

　ただし、この場合の難易度は自分に課せられたものであって、解く
側が悩むようなものにしてしまってはいけません。

カギのつけ方は自由です。最低限のルールを守れば、遊び方も無限大です。

だからこそ先輩作家さんの作品を「制作者目線」で解いてみてください。遊びのなかにたくさんの工夫や、ギリギリではみ出さない上手さを見つけることができるはずです。ただし、パクリは NG。作品を参考にしても盗作はしないように気をつけてください。

本当の意味で良くできたクロスワードというのは、解くのが困難なクロスワードではありません。

作り手は大変な思いをして作り上げるけれど、解く側にしてみれば解き心地のよいクロスワードこそが、良質の作品と言えるのです。

良質な作品にこだわってきましたが、私自身は自称「日本一いい加減なパズル作家」と、名乗っています。

カギの出所が曖昧なときには「○○かなぁ〜」と、語りかけるような表現でお茶を濁すこともしばしば。

まだデビューして間もない頃のエピソードをここでひとつ。当時、パズル作家の知名度を上げたかった私は「東京ヘッドライン」というタブロイド新聞タイプのフリーペーパーに８×８サイズのクロスワードパズルをノーギャラで連載していました。ところが、だんだん掲載回数を重ねていくうちに「どうせ原稿料貰ってないし」という想いが芽生え、いつしか媒体を私物化してしまうような錯覚に陥っていったのです。

そんななかで「作者の出身高校は？」というパーソナル的なカギをさりげなく入れたクロスワードを公開した直後、事件は起きました。

なんと、編集部に抗議の電話が殺到したのです。

「知るかボケ！　タダだからと言って手を抜くな！　俺たちは毎回、このクロスワードパズルを解くことを楽しみにしているんだ！」

　タダだからというのはフリーペーパーが無料で手に入るという意図で言われたことではありますが、たとえノーギャラでも自分のクレジットで掲載した作品には責任が生じるということを痛感したできごとでした。

　さすがにこれは反省していますが、大切なのは「自分らしさ」を大切にしましょうということ。

　上手なパズルを作ろうと気負いすぎて自分とはかけ離れた作風になってしまうと、後々、きついだけです。

　上品さはないけれど、カギの文章がどこか落語っぽくてテンポが良くおもしろい。

　ちょっとポエム調で、甘い感じが嫌いじゃない。

昔話を思わせるような優しい語り口。など、自分らしさを見つけていきましょう。

　とはいえ、これはとても高度な技術です。

クロスワードパズルを作り始めたばかりの段階で、なかなかここまでできる人はいませんので安心してください。

　しかし、いつまでたっても「代わりがいくらでもいそうな」作品しか作れないのでは、言うまでもなくオファーもなくなります。

　コツを掴むまで、いくらでも時間をかけて構いませんから、「自分らしさを見つける」という意識を常に持っていましょう。そして「これが自分らしさかな？」というポイントを掴めたら、あなたはもう立派なパズル作家の仲間入りです！

「マジシャンの弟子に、そして破門」

　学生時代にお笑いの世界に夢中になった私は、いつしか自分でも演じてみたいと思いました。

　しかし、なぜか自分が目指すならコメディアンじゃなくてマジシャンだ…と、強く決意します。当時ジャグリング部に在籍していた友人がいて、シガーボックスを華麗に扱う姿を見てかっこいいと思ったのです。

　夢中になると周りが見えなくなってしまうのは、切手を集めていた頃と何ら変わっていません。ただ、自己完結で終わるのではなく、人に認めてもらいたいと思うようになったことは、私の中で大きな前進でした。周りを巻き込んでも自分の道を進みたいと思ったのです。

　はっきりとネガティブ思考からポジティブ思考に切り替わったのは、この頃です。「始めてしまえばなんとかなる」を実践できたことが、自信につながるのだと思います。

　こうして憧れのマジシャンのもとに弟子入りした私ですが、結果は失敗。ここもうちょっとだけ詳しく書きます。大学は留年した上に中退し、マジシャンからは破門され、行き着いた先はフリーターでした。

　フリーターとはいえ収入もありましたし、このままこの会社で正社員として働くことができたらそれもいいのかな、とぼんやり考えていた20代前半。それでも心の奥底には、「これではいけない」「このまま終わりたくない」という気持ちを持っていました。

第5章

自作のクロスワードを
売り込んでみよう

■ 作品を世に出していこう

　この章で取り上げるのは「クロスワード制作で収入を得たい」と考えている方へ向けての How to です。

　せっかく作品ができたのだから、それが「商品」として価値のあるものなのか知りたいですよね。ここまで読んでくださった皆さんは「価値が認められるのなら、それで対価を得たい、パズル作家として認められたい」という気持ちをお持ちだと思います。

　ただし、それには方法があります。

　パズルが良い作品でもすぐに採用されて、プロへの道が開けるというものではありません。売り込み方ひとつで、同じ作品でもその結果は大きく違ってきます。

　パズル雑誌はたくさんありますが、所詮は狭い世界でプロ同士がしのぎを削っている状態。新人が短時間でポッと入れるような隙間はほとんどないと思ってよいでしょう。

　しかし、パズル雑誌がこれだけあるということは、作品が求められているという証拠でもあります。時間をかけて正しい努力をすれば、
　プロになる可能性は高いのです。

■ パズル作家のメリット・デメリット

「時間をかけて努力」と、言うのは簡単ですが、本当にそれに見合うだけの価値があるのでしょうか？　ここでパズル作家のメリットとデメリットについて整理してみましょう。

パズル作家のメリット

- ● どこにいても仕事ができる
- ● 時間を選ばずに制作できる
- ● 資格は必要ない
- ● パソコン以外に大掛かりな道具は必要ない
- ● 作るだけなら紙とペンさえあればできる
- ● 好きなことを仕事にできて楽しい
- ● 人気作家になれば収入が上がる
- ● 定年という概念がないため長く続けられる

デメリット

- ● 作品のクオリティを保つのが難しい
- ● ミスは絶対に許されない
- ● 締め切りが厳しい
- ● 不得意な分野のテーマでも制作しなければならない

　こんなところです。いかがでしょう？　メリットとデメリットを比べてみて、「それでもやっぱりクロスワードパズル作家になってみたい」と思える方は、努力する価値はあります。

■ パズル作家はみんなが社長さん

　パズル作家という仕事は、いってみれば「個人社長」のようなものです。

　自分で作品を作ることはもちろんですが、企画、営業、経理、すべてひとりでこなさなければなりません。

　仕事の依頼がチラホラと舞い込むようになっても、言われるままに作品を作り、原稿料を受け取るだけでは、いつまでたっても仕事の幅は広がりません。いずれ先細りになっても不思議ではないのです。

　一定の地位と収入を得るには、クライアントとのつながり、横のつながり、発信力などが問われます。どうやって人脈を広げていけばいいのか。これから私の経験に基づいて書いていきます。

■ 作品を投稿する

　パズル雑誌のなかには、読者からの作品を募集しているものがあります。まずは投稿の手順についてご紹介しておきましょう。

　紙面に募集要項が載っている場合もありますし（ひっそり小さいものです）、ネットに掲載されている場合もあります。ただしネットの場合は、募集をかけている団体がどんなところかはっきりしないケースもあるので注意が必要です。少なくとも名前を聞いたことがある出版社などのサイトに投稿することをおすすめします。

　募集をしていない出版社に対して、直接持ち込むのは基本 NG ですが、郵送やメールなどで作品を送ることは可能です。「時間のあるときにご確認ください」とひと言を添えて送ってみてもよいでしょう。

■ 最初の作品を投稿したら…

　作品をひとつ投稿して、すぐに採用、プロデビューなんてことは、まずありません。しかし、「作品を作る」「投稿する」という大きな一歩を踏み出したことに価値があります。

　ひとつ目が不採用だからといって、すぐにあきらめず、解き手のフィードバックを受けながら作品の質を上げる努力をし、何度も粘り強く投稿を続けましょう。作品がクライアントの目に止まれば、何らかのリアクションがありますから。

「もっと作品が見たい」
「今回の投稿作品を掲載する」

などという連絡があればラッキーです。

　ただし、ここですぐに原稿料がもらえることは、期待しないほうが良いでしょう。もらえたらラッキー、掲載されることそのものがご褒美というケースもあります。

　ここでの報酬はほとんどなくても、雑誌に掲載されることが実績となり、その後他誌への投稿する場合にも大きな財産になるのです。

■ サンプル作品をたくさん作っておこう

投稿した作品がクライアントの目にとまり、「ほかの作品も見たい」「もっと送って欲しい」と返答があったとき、どうすれば良いと思いますか？

クライアントとしては、「この作品はよくできているけれど、他の作品はどうなのだろう」と、探りを入れてきているわけです。

ここで、慌てて新しい作品に取り掛かるのは大変ですね。

クライアントから何か要求される前に、作品のストックをたくさん作っておきましょう。

他の作品を求められたとき、すぐに対応できる作品が、10〜20本くらいのパターンが欲しいところ。となると、かなりの数のクロスワードを作らなければなりません。

収入になる見込みもないのに作品をたくさん作るのは大変ですが、これは自分自身の勉強の場と割り切ってください。

最初は段取りも悪いし、できあがった作品も稚拙かもしれません。ですが、回数を重ねていくうちにコツが掴めて、作品を仕上げるスピードが上がり、質もアップしていきます。

まずは自分が納得できるレベルの作品が20本仕上げるまで頑張ってください。たくさん作ることで、スキルアップにつながるのです。

■ 仕事として依頼を受ける

投稿作品が何度か掲載されるようになると、仕事としての依頼に切り替わることがあります。そうなれば、いよいよプロとしての活動開始です。

それまでは自分の好きなテーマで、好きなサイズで、好きなようにカギをつけて作っていたのに、「このような内容で、いつまでに」と、条件が提示されるのです。

　場合によっては、クライアントの事情で、急遽依頼をされるケースもあります。たとえば、ベテラン作家さんが何らかの事情でピンチヒッターが必要なときなどです。こういう場合は、締切がタイトなことが多いでしょうが、考え方を変えれば大きなチャンスです！
「依頼に沿った作品を納期までに作ることができる」ということをクライアントにアピールできるのです。

　ここで踏ん張ってステップアップしていきましょう。

■ 名刺を用意しよう

　作品を投稿するときに名刺を添えるのは有効です。名刺を上手に活用しましょう。

　名刺の体裁はいたってシンプルに。肩書きに「パズル作家」などと書いたら、名乗ったもの勝ち!?　名前、住所、電話番号、メールアドレス...　これだけは入れておきましょう。読みにくい名前の場合には必ず読み仮名をお忘れなく。

　また、リアルで会った人にも名刺を渡す習慣をつけると良いでしょう。

　ネット主流の世の中では、名刺交換の習慣は昔に比べて格段に減っています。パズル制作の世界も、クライアントとのやりとりは、ほぼ100％ネット。何年もお世話になっている担当さんに実はまだお会いしたことがない、なんてこともよくあります。

　逆説的ですが、だからこそ、名刺が効力を発揮する場合もあるのです。

　実は筆者は10代の頃、名刺コレクターのハシリでした。キッカケは、ゲームのイベントに参加した際、「カリスマ」と呼ばれていた「高橋名人」にお会いして、直接名刺をいただいたこと。

　憧れの人からもらった名刺は、私にとって宝物でした。

　その後も、自分が興味を持った世界に飛び込むたびに、まさかの大物から名刺をいただける機会に恵まれ、気づけばコレクターになって

いたのです。

　いただいた名刺には、その方と会った日付と場所などを明記しておきます。このひと手間で記憶に残りますし、次に会ったときに会話のきっかけにもなります。

　名刺を交換した仲なのだから、直接連絡を取っても問題なし。くらいの積極的な気持ちで活用しましょう。

　余談ですが、名刺の裏に小さな自作のクロスワードパズルを載せてアピールすることもできます。キーワードを自分の名前にするなど、インパクトで勝負してみてください。

■ 横のつながりを強化する

　パズル制作という仕事は、とても孤独な作業です。

　家に引きこもり、うんうんと唸りながらマス目に文字をを埋めていく作業。「締め切りなし、大好きなテーマで作って、収入もバッチリ」なんて気楽なものはありません。最後は締め切りに追われて睡眠不足と戦いながら、なんとか仕上げるという経験は数えきれないほどあります。

　「クロスワードパズルを作る」という作業そのものが孤独だからこそ、横のつながりを持っておきましょう。

　方法はいろいろあります。

　SNS などで、クロスワードパズルが好きな人、制作している人たちとの交流を持つ。これはもっとも手っ取り早い方法です。たとえば Twitter で「クロスワード」と検索すると、いろんな人のアカウントがヒットします。

　経験の豊富なプロもいますし、これからパズル制作に携わりたいと考えている新人もいます。出版業界の情報、新しいパズルの情報、クロスワード作りの苦労話から、NG エピソードまで、これでもかと

いうくらい情報を得ることができます。自分の作品を公開している人も少なくはありません。

　ただ情報を収集するだけでなく、自分からも発信して、アクセスしてもらうようにしましょう。

　またパズル関係者のブログなどもチェックしてみましょう。

　気に入ったブログはお気に入りに登録しておくこと。コメントを残せば、ブロガーと直接交流を持つこともできます。

　もっと積極的に行動を起こすなら、思い切って自分のブログを開設しても良いかもしれません。

　この際、「クロスワード」「パズル」といった単語からブログが検索できるよう、タイトルに「パズル」を入れたり、タグをつけておいたりしましょう。

　ブログの更新を継続するのはなかなか大変ですが、作品を公開しながら収納できる場所になりますし、自分自身の成長記録としても役割は大きいですから続けてみてください。

■ネットワークで仕事の幅を広げる

　私はイラストを描くことはできませんが、イラストレーターと組めば、ビジュアル系のパズルを作ることもできます。

　「数理系のパズルを作ってもらえないか」といわれたら、自分では作れないけれど、数理系パズルを専門に作っている仲間をすぐに紹介することはできます。

　逆に、数理系パズルを作っている友人から、「クロスワードの仕事があるんだけど」と声をかけてもらうこともあります。

　ありがたいことですが、クロスワードの仕事が集中してしまい、仲間の作家に手伝ってもらったことは数え切れないほどあります。

　もちろん、手が空いた時に声がかかって、知り合いの仕事を手伝っ

たこともあります。

　これは仕事を融通し合うということで、これによりネットワークのつながりを強くすることができます。自分の専門でないからといって情報をスルーするのは、もったいなさすぎです。

　だからといって、仲間作りにばかり奔走する必要はありませんが、ゆっくりとネットワークを広げていきましょう。

　先程もいったように、パズル関係のオフ会やイベントに出席するチャンスがあるなら、一度足を運んでみることをおすすめします。

■ 会いたい人には直接会いにいく

　クライアントから考えれば、時間に追われるなかで、いちいち作家さんと会って話をするよりも、ネットの方が時間短縮になりますし、効率も良いです。

　人と会うのは苦手な方でもネットでのやりとりは、ちょうど良い距離感だといえるのかもしれません。

　だからこそ、会いたい人には、積極的に会いに行きたいですね。

　しかしながら何のつながりもない人が、いきなりクライアントに乗り込んでいっても門前払いになるだけ。クライアントを訪れるのは、あくまでも作品が掲載されるようになってからにしましょう。

　ビジネスの関係が確立しても、なかなか会う機会はないのですから、積極的に会いにいくのは重要なことなのです。

　相手の負担にならないように、「別の用事で近くまで行くので、ご挨拶をしたい」などと連絡を取ってみましょう。それでダメならダメ。単純に締め切り前でタイミングが合わないことだってあります。どうぞということであれば、行く。それだけです。

　実際に書店で売られているパズル誌の担当に会えることはそれだけで十分刺激になります。

■売り込みの裏技

　パズル雑誌への投稿については前述したとおりですが、ほかにも売り込む方法はいろいろあります。

　これは私の場合ですが、パズル作家としてデビューしてからも、仕事は順風満帆というわけではありませんでした。

　そこで考えたのが、フリーペーパーへの売り込みです。
駅や繁華街に置かれたフリーペーパーは、若い世代を中心に人気があります。なかには、平積みした途端になくなってしまうほどファンの多いものもあるほど。

　このようなフリーペーパーに、「原稿料はいらないので、掲載作品にクレジット（署名）を入れて欲しい。掲載誌を50部分けて欲しい」などと交渉したのです。原稿料はいらない、という部分が功を奏して交渉は成立。私自身は、このフリーペーパーを次の売り込み材料として活かすことができたのですから、成果は十分でした。

　もうひとつの技として、あえてクロスワードパズルを掲載していない雑誌に売り込みをかける方法もあります。

　囲碁を趣味としているパズル作家は、囲碁雑誌に売り込みをかけて見事に毎月連載のページをゲットしました。

　このような業界紙、専門誌の多くは、掲載のネタを探していることが多い割りに、クライアント自体がパズル作家と接点がなく**「ページが埋まるなら大助かり」**と、あっさり掲載が決まるケースもあるのです。ただし、専門的な知識が必要な場合も出てきますから、日頃から自分自身が興味のある世界の雑誌をチェックしてみることをお勧めします。

　もっと身近なところから攻める方法もあります。

　たとえばあなたが主婦ならば、子どもの学校の広報誌に自作のクロスワードを掲載してもらうとか、町内会の会報に載せてもらうなどの

方法です。社内報、お店のチラシ、友人に自作のパズルをプレゼントするのも「売り込み」の一環になります。

このとき大事なポイントはふたつ。

ひとつは、**必ず自分の名前（クレジット）を入れてもらう**こと。

もうひとつは、**その媒体に合った内容の作品を作る**こと。

学校の広報誌なら、「へえ、うちの学校ってこうなのね」とプチ情報が得られるような内容を織り込むのです。

原稿料は発生しないケースがほとんどですが、腕試しにもなりますし、「○○さんって、パズルが作れるのね」と認識してもらうことが大事ですから。

親しい人に解いてもらうことで、率直な感想が聞けますので、思った以上に勉強にもなります。

■原稿料の話はしない、しかし

パズルに限らず、雑誌、書籍の原稿料ほど曖昧なものはありません。依頼の段階で金額が提示されることは少なく、作品を提出した翌々月に振り込まれた原稿料で、初めて「ここの金額設定はこうなっていたのか」と確認することもしばしば。

古くからのスタイルだと言ってしまえばそれまでですが、なんとも不思議な習慣です。

それでも何でも、パズルが掲載されるようになって原稿料が発生したら、まずはありがたく受け入れましょう。

「原稿料が安いから仕事を受けられない」などというのは依頼が殺到して締め切りを守れないなどの事情がない限り言うことではありません。「ギャラが安いから嫌だ」と新人が断ったりすれば同じクライアントからの依頼は二度とないでしょう。

安い原稿料でもきちんと良い仕事をする。この実績を積み重ねるこ

とで、のちのちクライアントと交渉をする土俵に立てるのです。

　原稿料の交渉はしなくても、交渉すべきところがあります。それは作業負担についてです。

　締め切りにもう少し余裕を持たせることはできないかとか、テーマを話し合いで決めさせてもらえないかとか、事前にテーマに沿った資料を揃えてもらえないかなど。負担を軽減するための交渉をさせてもらえるようになれば、作業時間を短縮できます。それだけ多くの仕事を受けられますから、結果的には原稿料アップと変わらない効果が得られるのです。

　「賃上げ交渉」より**「負担軽減交渉」**の方がはるかに印象は良いのですから、これも売り込みのひとつのテクニックといえるでしょう。

　作品を売り込むのは大変なことですが、ただ投稿を続けるだけでは、厳しいようですがいつまでたっても芽が出ないこともあります。「これならできそう」と思いついたことは、何でもやってみましょう。

　余談ですが、手掛けた作品が二次使用された場合は、再録料がもらえるケースもあります。

　少ないかもしれませんが、考え方によってはボーナスですから臨時収入と喜ぶべきです。

　原稿料から夢の印税生活へ。

　虎視淡々とチャンスを伺ってみてくださいね。

「パズル作家になったキッカケ」

　フリーターをしていた私にとって一番辛かったのは、「夢中になれるものがない」ということでした。それまで、いつも何かにとりつかれるように夢中になってきましたから、そりゃおもしろいはずがないですよね。

　悶々としていたところ、編集者をしていた友人から「仕事を手伝ってほしい」と声がかかりました。人脈を広げておいたことが、こんなところで役に立ったのです。

　これと決めたら行動は早いので、すぐに職場に「仕事を辞めます」と連絡して、3ヶ月後には、「フリーター」から「フリーライター」に転身していました。

　編集の手伝いをしながら私は文章を書くことに目覚めました。ある日、書店に並んだ本を見ていた私はふと思ったのです。

　「このなかに自分の本が一冊くらいあってもいいよね？」本を出すことが、それほど大それた望みだという感覚はありませんでした。何しろ書店に沢山の書籍がひしめいているのです。芥川賞は無理でも、得意分野を題材にハウツー本を出すことならできるようなイメージが持てたのです。

　ちょうどその頃、友人から「通信講座でクロスワードパズルを作る勉強をしている」という話を聞いた私は、軽い興味で作品を見せてもらいました。

　作品を見て思わず感動！

　いえ、今から思えば稚拙な作品でしたが、それまで「パ

ズルを作る」という発想がなかった私にしてみれば、「自分が作ったパズルがある」というだけですごいことだと思えたのでした。

　ところが彼女は、作ったパズルを「売り込む」というノウハウを一切、持っていませんでした。ただひたすら作り貯めていたのです。「これを埋もれさせてくのは、もったいない！」と思い立った私は、すぐに出版社に売り込みをかけます。手応えはありました。

　ところがクライアントから「作品の質に問題はないけれど、こちらの欲しいテーマに合っていない。手直ししてほしい」と言われたのです。

　手直しといってもこちらはプロではありませんから、どうすればいいのかわかりません。それならいっそ作り直したほうが早いのではないかということになり、トライアンドエラーをくり返しながら、テーマに沿った作品を作り直しました。それが私のクロスワードパズル作家としての始まりとなったのです。

「作品掲載にクレジットは必要不可欠」

　パズル作家としてデビューしたからといって、すぐにそれで生計が立てられるようなものではありません。
原稿料の代わりに食料や招待券などが貰えるなら良いほうで、なかにはコーヒー1杯だけごちそうになった対価で作品を提供するなど、駆け出しの新人であれば割に合わないと感じる取引にも応じて行かなければなりません。

　売れっ子作家になるためには、ひたすら掲載実績を積み上げることです。書店やコンビニなどに売られている雑誌に自分のクレジットを併記した作品を何度も載せてもらうようになれば、それを見て別のクライアントがオファーしてくれるケースもでてくるようになりますから。

　長年、この活動をしているとクライアントからのオファーは人からの紹介ケースが多いのですが、なかには弊社のwebサイトにある問い合わせフォームから仕事の依頼が来るケースもあります。そのたびに新規クライアントへは「なぜ、ウチなんですか？」と聞くようにしているのですが、雑誌で見かけたという回答が圧倒的に多いので、この取り組みを参考にしてみてくださいね。

【おまけ】プロとしての知識

クロスワード以外のパズル

　ひとくちに「パズル」といっても、実にさまざまな種類があります。そしておもしろいことに、それぞれのパズルにはそれぞれのファンがついています。

　パズルに興味のない方からみれば、「どれも同じでしょ」と言われそうですが、そんなことはありません。

　アイドルグループのことを考えてみてください。アイドルならだれでもいいとわけではなくて、それぞれのグループやタレントにそれぞれのファンがいます。それと同様に、クロスワードパズルとナンプレではファン層が全く違います。

　プロのクロスワードパズル作家としては、世間にどんな種類のパズルがあるのか、知っておくことも大切です。ここでは雑誌などで人気のパズルを中心にいくつかのパターンを紹介していきます。

■ 文字系パズル ■

文字を扱ったパズルの総称で、「クロスワード」は、もちろんこのカテゴリーに含まれます。「漢字系」を分ける場合もありますが、ここでは同じカテゴリーとして紹介します。

■ クロスワード ■

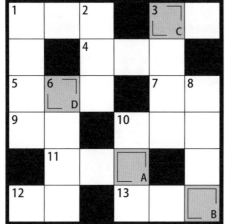

制作・てらこ

答え： シンバル

タテのカギ

1. 秋田も岩手も
2. 指揮者に○○○を向ける
3. 汚名は返上、名誉は？
6. 緩むと涙が出ちゃう
8. 和音になってない１つの音
10. 本に使用されているイラスト

ヨコのカギ

1. はじめから、終わりまで。○○○で演奏しよう
3. 太鼓はコレで叩く
4. 渡る○○○は鬼ばかり
5. 巻き貝のようなカタチをした楽器です
7. ○○のちからを抜いて、リラックス
9. コンクールまで精一杯、○○が残らないように練習に励もう
10. 大好きな歌手にコレを書いてもらおう！
11. ストップ！
12. 目が○○になる!?
13. ここは楽園らしい

「カギ」と呼ばれる設問をヒントに単語を特定し、マス目を埋めていくパズル。これ以上のことは、この本を改めて読んでみてください。

■ ナンクロ ■

「ナンバークロスワード」、略して「ナンクロ」。

　一般的なクロスワードと似ていますが、最大の違いは「カギ」がないことです。マス目に書かれた番号が文字ひとつに相当し、そこから推測して「1番は"タ"」というように文字を探し当てていきます。

　ヒントは、いくつかの番号の文字があらかじめ記載されていたり、入る単語がいくつか記載されていたりなど、問題によって出され方が異なります。

　多く使われている文字が埋まらないとなかなか解けないので、クロスワードに比べて慣れと根気が必要かもしれません。ひたすら「ナンクロ」だけしか解かないというコアなファンが多く存在する、人気のパズルと言えます。

対応表

1	2	3	4	5	6	7	8	9	10
タ	ビ								

問題盤

2	4	1		3	4	6		2
3		8	7	4		1	1	4
7	5		7	5	5		8	
	8	4	5		8	9	6	9
5	10		1	1	5	8		1
1	4	6		4		5	1タ	
7		5	9	1	9		2ビ	5
10	10		8	8	5	1		8
8	9	6	4		8	3	4	6

解答盤

2ビ	4ン	1タ		3デ	4ン	6シ		2ビ
3デ		8イ	7オ	4ン		1タ	1タ	4ン
7オ	5カ		7オ	5カ	5カ		8イ	
	8イ	4ン	5カ		8イ	6シ	1タ	8ツ
5カ	10モ		1タ	1タ	5カ	8イ		1タ
1タ	4ン	6シ		4ン		1カ	1タ	
7オ		5カ	9ツ	1タ	9ツ		2ビ	5カ
10モ	10モ		8イ	8イ	5カ	1タ		8イ
8イ	9ツ	6シ	4ン		8イ	3デ	4ン	6シ

解答欄

7オ	10モ	8イ	3デ

制作・里平泪

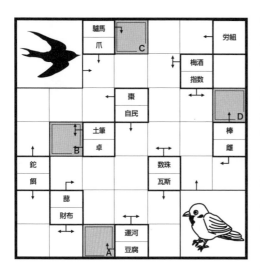

答え： | フ | ク | ロ | ウ |
| A | B | C | D |

制作・朝比奈池

「アロー」とは「矢」のこと。ヒントがマス目のなかに示されています。そのヒントのマス目に書かれた矢印の方向に文字を埋めていき、答えを導き出します。

ほとんどの場合、テーマに沿ったイラストがヒントの中にあり、これを中心に解いていくので見た目にも楽しく、設問も短くて簡単なので子どもや初心者にも人気のパズルです。

ただし、作るのは見た目以上に大変。ヒントの文字数に制限があり、すべての単語に矢印を入れなければならないため、見落としがあるとパズルとして成立しません。そのため調整は念入りに行い、チェックもおろそかにできないのが鬼門です。

72

■ シークワーズ ■

「Word search」（言葉探し）と呼ばれるベーシックなパズル。単語のみで構成できるため日本語に限らず外国語でも楽しむことができます。

グリッドのなかに書かれた文字のなかから単語を見つけ出し、その単語に使わなかった文字を組み合わせてキーワードを導きます。

誰にでも手軽に解けることから、はば広い年齢層から楽しまれているパズルのひとつです。

ただし、短い単語に関しては２ヶ所以上に同じものが表れる、いわゆる「重解」になりやすいので、作成した後のチェックを注意深くおこなうことが大切です。

【リスト】

オビ（帯）	チョシャ（著者）
ノド	ノンブル
クチエ（口絵）	ハナギレ（花布）
セモジ（背文字）	ヒラズミ（平積み）
トビラ（扉）	マエガキ（前書き）
アトガキ（後書き）	ミヒラキ（見開き）
ゲラズリ（ゲラ刷り）	シュッパン（出版）
スリップ	セビョウシ（背表紙）
ソウテイ（装丁）	ランチョウ（乱丁）
タイトル	ベストセラー

ル	ト	イ	タ	イ	プ	ツ	リ	ス
キ	エ	チ	ク	セ	テ	ド	シ	ベ
ガ	オ	シ	ビ	キ	ノ	ウ	ス	ル
エ	ウ	ヨ	ユ	ヤ	ラ	ト	ソ	ブ
マ	ウ	ヨ	シ	ツ	セ	ヒ	ミ	ン
シ	リ	ヨ	チ	ラ	パ	ヅ	ミ	ノ
リ	チ	ズ	ー	ン	ラ	ン	ビ	オ
ラ	ビ	ト	ラ	ヒ	ラ	ジ	モ	セ
キ	ガ	ト	ア	ゲ	レ	ギ	ナ	ハ

ル	ト	イ	タ	イ	プ	ツ	リ	ス
キ	エ	チ	ク	セ	テ	ド	シ	ベ
ガ	オ	シ	ビ	キ	ノ	ウ	ス	ル
エ	ウ	ヨ	ユ	ヤ	ラ	ト	ソ	ブ
マ	ウ	ヨ	シ	ツ	セ	ヒ	ミ	ン
シ	リ	ヨ	チ	ラ	パ	ヅ	ミ	ノ
リ	チ	ズ	ー	ン	ラ	ン	ビ	オ
ラ	ビ	ト	ラ	ヒ	ラ	ジ	モ	セ
キ	ガ	ト	ア	ゲ	レ	ギ	ナ	ハ

答え：　シオリ

制作・有川ぶん

73

■ スケルトン ■

【リスト】

3文字	4文字
イテン (移転)	サンイン (山陰)
インク	
インシ (印紙)	**5文字**
コイン	インショウ (印象)
サイン	コウムイン (公務員)
シイン (子音)	ショウイン (勝因)
ジイン (寺院)	

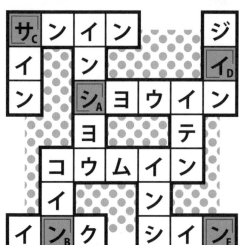

答え： シンサイン

制作・桜井リン

あらかじめ用意されている「テーマワードのリスト」から、言葉を拾い出して、どこに当てはめるのかを推測していくパズルです。

知識を必要としないので文字が読めれば初心者にもとっつきやすいパズルだといえます。

良い作品ほどタテとヨコの交差する部分が多く、隙間が少なくなっています。

作る側の技量とセンスが問われるパズルです。

余談ですが、スケルトンには「骨組み」の意味があります。そのため「田」の字に文字が重ならないようにパズルは組む必要があります。変形でなければクロスワード同様四隅に文字がくるように組まれているのです。

■ 漢字パズル ■

漢字の読みや熟語などを使用したパズルの総称。

「漢字クロスワード」「漢字スケルトン」「漢字アロークイズ」「漢字ナンクロ」など、普通の文字系パズルと同じように、様々なタイプのパズルがあります。

難しいのは、漢字の場合「音読み」「訓読み」があり、混同しやすいこと。漢字にするとひとつの単語の文字数が多くても4文字程度なので、作るのも解くのも大変です。

漢字が大好きという人にとっては、楽しいパズルですが、漢字が苦手な人には「なにこれ？」と、思われるかもしれませんね。

漢字の勉強を兼ねて楽しんでいる人も多いようです。

【リスト】

不	時	易	発	義	力
足	画	説	装	利	力
磁	移	小	情		

貿	易	風	力	発
情	移	入	電	力
感	画	的	装	磁
足	計	時	置	力
満	義	利	足	不

制作・あど

答え： 小説

ナンプレ（Sudoku）に代表される、数字がカギとなるパズルの総称です。

知識は必要としませんが、ヒラメキと解き方の方法論がモノをいいます。基本的には誰でも楽しめますが、難易度の高いものになると、一筋縄ではいきません。作る側からすれば、「文字系と数理系の両方作ります」という作家さんは珍しいです。

◀ナンプレ▶

・対応表・

1	2	3	4	5	6	7	8	9
ジ	ン	セ	イ	ノ	ヒ	ト	マ	ク

「ナンバープレイス」の略。「数独」としてコアなファンを持つ、絶大な人気のパズルです。

9×9のマスを1ブロックとした9個のブロックが正方形に並んでおり、空いているマス目を埋めて完成させます。

マスの中には必ず1〜9の数字が入りますが、その際、同じブロックにも、タテにもヨコにも、数字がかぶらないように埋めなければいけません。

数字の置き方によって難易度が変わり、難度の高いもの

問題:

1		2	9				B	
			8				3	7
		7		E	6			
9	C		A		6		4	
	2						8	
	8		5					1
D		3				5		
4	5			2				F
				7	1			3

答え:

1	6	2	9	7	3	4 B	5	8
5	4	9	6	8	1	2	3	7
8	3	7	2	4	5 E	6	1	9
9	1 C	5	8	3 A	6	7	4	2
3	2	6	7	1	4	9	8	5
7	8	4	5	9	2	3	6	1
2 D	7	3	1	6	8	5	9	4
4	5	1	3	2	9	8	7	6 F
6	9	8	4	5	7	1	2	3

制作・里平泪

答え	A	B	C	D	E	F
	セ	イ	ジ	ン	ノ	ヒ

になると、解き方にかなり精通していなければ解けない問題も。これをいかに早く解くのかというところがファンの心理をくすぐります。

解ける人なら制作することもできますよ。

◀足し算クロス▶

空いているマス目に1〜9の数字を入れるのは、ナンプレと同じです。

ただし、ナナメ線の右上に書かれた数字は、右（ヨコ）の空きマスに入る数字の合計。左下に書かれた数字は下（タテ）の空きマスに入る数字の合計になっています。

タテ、ヨコの空マスのつながりには同じ数字は入りません。

一見難しそうですが、計算そのものは難しくないですし、解き方を覚えてしまえば比較的簡単です。

（上の問題）

	9	34		28	4
17			3 / 23		
23					
	24 / 16				16
35					
11			17		

（下の解答）

	9	34		28	4
17	8	9	3 / 23	2	1
23	1	6	9	4	3
	24 / 16	7	8	9	16
35	9	8	6	5	7
11	7	4	17	8	9

制作・あど

```
3 2 2 2 3
2 1 1 1 2
2 2 0 1 2
1 3 1 0 3
3 2 1 2 2
```

```
3 2 2 2 3
2 1 1 1 2
2 2 0 1 2
1 3 1 0 3
3 2 1 2 2
```

制作・あど

　オーソドックスな数字パズルです。

　パズル上の点と数字をヒントに、線を引く部分を推理して、最終的に輪（ループ）になるように線を引きます。

　一見単純そうですが意外と奥が深く、ハマるファンも多くいます。

　左のループコースは中央に「0（ゼロ）」の数字が記されているため線を引くところがありません。

　そのナナメ右下も「0」ですから、線を引いてしまうと辻褄があわないので、そこも外すという流れで解いてみてください。

78

◀不等号ナンプレ▶

不等号記号をヒントに、マス目の数字を埋めていくパズル。ヒントは何箇所かに置かれた数字ですが、パズルの大きさやヒントの数によって難易度を調整することができます。

一見単純そうに見えますがいざ解いてみると意外と難しいパズルです。

ルールはタテの列とヨコの列のマスに1から1辺のマスの数までの数字がひとつずつ入ります。

不等号をよく見ることで1番大きな数字や1番小さな数字が入りそうなマスに見当を付けて解いていきます。

```
□ > □ < □ < □
∧   ∧   ∨   ∨
□ < □ > □ > □
∧   ∨   ∨   ∧
□ > □ > □ < □
∨   ∧   ∧   ∨
□ < □ < □ > □
```

```
2 > 1 < 3 < 4
∧   ∧   ∨   ∨
3 < 4 > 2 > 1
∧   ∨   ∨   ∧
4 > 2 > 1 < 3
∨   ∧   ∧   ∨
1 < 3 < 4 > 2
```

制作・あど

79

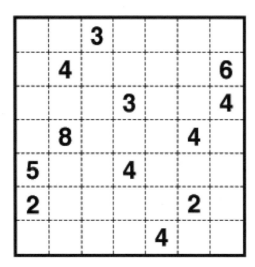

パズル上の数字に従って、点線部分をブロックに仕切っていくゲーム。じっくり考えないと、途中でやり直しになることも。ただし、知識は不要なので、誰でも楽しむことができます。

ブロックの仕切りは長方形か正方形になります。

仕切る線はパズル面の点線の上で、仕切ったブロックの中にはひとつの数字が入ります。

数字はブロックの大きさで、4は2×2または1×4または4×1になります。3は1×3または3×1になります。

制作・あど

◀計算ブロック▶

仕切られたブロックの数字の合計が、マス目に小さく書かれている数字になるように当てはめていくパズル。

足し算だけでなく、かけ算、引き算、わり算のバージョンもあります。

パズルのサイズ、ヒントの数字、足し算 or かけ算などの条件によって、難易度が大きく変わります。

数字は1からマスの最大数までの数字が入ります。またタテ、ヨコで同じ数がかさなることはありません。

5+	6x		2÷
	4+	4÷	
1-			3x
	8x		

1	2	3	4
4	3	1	2
2	1	4	3
3	4	2	1

制作・あど

パズルを解くとイラストが現れるもの。イラスト自体がパズルになっているものなどの総称。

比較的簡単で見た目も楽しいので、大人はもちろん、子どもにも人気があります。制作者は主にイラストレーターさんです。

● 点つなぎ ●

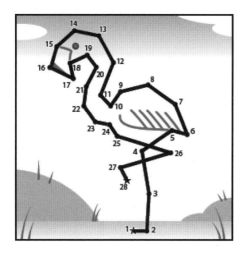

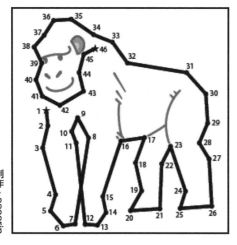

数字、あるいはアルファベットなどを順番につないでいき、イラストを完成させるというシンプルなパズル。知識も技も必要ないので、比較的小さなお子さんでも楽しめます。

大変なのは制作側で、一筆書きで楽しいイラストを完成させるには、それなりの技術が必要です。

つなぐ番号は数字が一般的ですが、数字でも偶数だけ奇数だけとか、「あいうえお」などのバリエーションもあります。

制作・sasarin

82

● 間違い探し ●

制作・立花文

　一見同じに見える２枚のイラストから、違っている部分を探し出すパズル。

　プロのイラストレーターによるイラストは、ながめているだけで楽しいものです。

　意外に大きな間違いに気づかなかったり、難易度の高い間違いが隠れていたりと、レベルも幅広く調整できるのが特徴です。

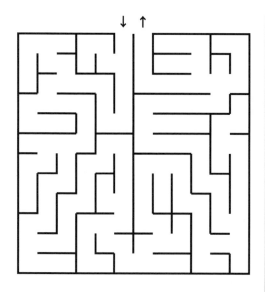

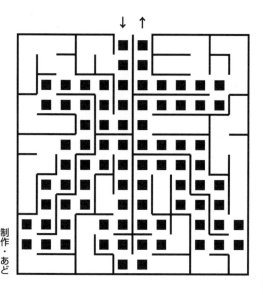

制作・あど

古くからある迷路パズルをアレンジしたもの。スタートからゴールまでたどり着いてみると、いつの間にか絵柄や文字が浮かび上がっています。

これもとくに知識などは必要としませんが、解くのにも作るのにも根気が必要なパズルです。

ゴールまでは最短ルートをたどる必要があります。

正しいルートのマスを鉛筆などでぬりつぶしていく作業は面倒でもありますが、楽しい作業でもあります。

　以上、クロスワード以外にもいろんなパズルがありますね。

　パズル雑誌の編集部は、読者を飽きさせないためにも日々、新しいパズルを研究、開拓しています。

　ふたつのパズルの要素を組み合わせたり、あえて難易度の高いものを作ったり、雑誌に収まりきらず、折りたたんで収録されるような巨大パズルを作ったり。それこそ手を変え品を変え、新しいパズル作りに励んでいます。

　もちろんそのような特殊なパズルは、プロの作家、それも経験を積んだ作家の領域。

　いつかは、みなさんがその域に達するかもしれませんね。余談ですが、私はこれまでにクロスワードパズルだけで１万問以上の作品を作り続けてきました。それ以外にもシークワーズパズルやスケルトンパズルなどといった言葉を使うパズルを複数作成してきましたが、最近では大学生の息子がそれらのパズルを作成してくれています。親子でパズルを作成できる未来はデビュー当時から考えれば夢のような話でしたから、本当に良い仕事と出会えて幸せです。

「ふたり以上で遊ぶパズルの話」

　クロスワードパズルには解くのも作るのもひとりでこなすイメージがあります。先日、カフェでシニア夫婦がコーヒーを飲みながらパズルを解いている姿を見かけました。良い光景だなと思ったのですが、よくよく見ると彼らは別々の問題を黙々と解いている様子。正直、残念だなって感じました。せっかく夫婦でいるのだから、会話でもしながら同じ問題を一緒に解けば良いのに。まぁ、パズルには「ひとり遊び」のイメージが強いのかもしれませんね。

　ですが、世のなかには「対戦型」パズルも数多く存在しています。そのなかで私が大好きなゲームは対戦型クロスワードパズルこと「スクラブル (Scrabble)」。実はこのゲーム、私が知る限り覚えなければならないことが世界一多いため、いろんな意味で遊ぶプレイヤーを選びます。

　スクラブルにはアルファベットが記されている 100 枚のタイルとそれを並べるボードおよび、ラックがセットになっています。タイルは巾着袋などに入れて、それをプレイヤーがランダムに 7 枚ずつ引いてゲームが進行。引いたタイルは対戦相手に見られないようラックに並べます。アルファベットにはそれぞれに点数がついているのですが、うち 2 枚だけはブランクになっていて点数はつきません。ですが、これは何の文字にも使えるオールマイティなので、引いたプレイヤーはラッキーだと言えるでしょう。プレイヤーは交互に

ボードへ2文字以上の英単語になるようタイルを並べていく
のですが、7枚全てをラックから出して英単語を完成させる
と基礎点にボーナス50点が追加されるのです。

　ところが、スクラブル辞書（ちょこちょこ改訂されます）
に載ってない英単語を対戦相手が並べたときには「チャレン
ジ」と指摘することができます。その際は辞書を見て判定す
るのですが、実際に存在しない英単語を置いた場合は相手の
ターンを1回流すことができます。こうなると点差が開くの
で辞書に掲載されている英単語をひとつでも多く覚えておき
たいですよね。

　最後までタイルを出し切るもしくはパスが3回続いた時点
で、ボードに置いた単語の点数を計算します。点数が高かっ
たプレイヤーが勝ちというゲームなのですが、英語を母国語
としない日本人がコレを極めるのは大変。私もタイやマレー
シアで開催されたスクラブルの国際大会に何度か出場したこ
とありますが、現地の子どもにすら勝てないので、ハードル
は高いなぁと思います。

　最近はあまり遊んでないですが、海外プレイヤーの友人か
らSNSを通じて連絡がくるので、また遊びたいなとは思っ
ています。

あとがきにかえて

　私がパズル作家としてデビューしてから 25 年の月日が流れました。四半世紀といえば感慨深いものがあります。この本の構想はちょうど会社を立ち上げた 15 年ほど前から練っていたのですが、出版に至るまで想像以上に時間を費やしたなというのが本音です。

　話は変わりますが、私が趣味人ということは会った人なら誰もが頷きます。なかでも、同じ趣味を持っているパズル作家の先輩が手掛けた「超難問クロスワード」（キューパブリック制作／主婦と生活社）は、レベルが高いなと唸るほど。ぜひ、皆さんお手に取って解いてみてください。きっと、「なにこれ？」「やられた〜」「う〜ん、納得」などと、驚きの連続だけでなく、解いたあとの爽快感も得られることでしょう。

私は以前から、「クロスワードパズルは短編小説である」と言い続けています。パズルにはその人の人生や経験値、価値観が見え隠れすると感じるからです。

　世のなかのさまざまなことに興味を持ち、

「どうしたらより、おもしろくなるか」
「みんなを楽しませることができるか」
「自分が楽しめるか」

などを考えて、アンテナを張りめぐらせて作るパズルは、とても上質で、エンタメ性にあふれているように見受けられます。解く側からすれば独自のスタイルを確立したパズル作家の作品というは、もはや芸術の域にあたります。その絵を見ただけで「あ、フェルメールだ」「これは岡本太郎だ」とわかるように、「カギ」を読めば誰の作品かわかるようなパズル作家たちに、今後も注目していきたいところです。

　最後になりましたが、この本を出版するにあたり、沢山の関係者の皆さんのお力をお借りしました。ベースを整えてくださったパズル作家仲間の木村由佳さん、何日も徹夜させてしまって心苦しいですが、長年スクラムを組んでパズル本をともに手掛けてきた本文デザイン担当の A-link さん、そして、この本の出版を快諾くださった版元の腰塚雄壽社長、本当にありがとうございます。また、この本をキッカケでパズル作家デビューを目指す皆さんとお目にかかる日を楽しみにして、あとがきとかえさせていただきます。

2023 年 5 月

寺崎 美保子（てらこ）

作成者

＿＿＿＿＿＿＿＿＿＿＿＿＿＿＿＿

テーマ

＿＿＿＿＿＿＿＿＿＿＿＿＿＿＿＿

パズルの紹介

＿＿＿＿＿＿＿＿＿＿＿＿＿＿＿＿

＿＿＿＿＿＿＿＿＿＿＿＿＿＿＿＿

＿＿＿＿＿＿＿＿＿＿＿＿＿＿＿＿

【タテのキー】

【ヨコのキー】

memo

作成日　＿＿＿＿＿＿　年　　月　　日

1	2		■	3
4		■	5	
■	6			■
7		■	8	9
	■	10		

作成者

_____

テーマ

_____

パズルの紹介

_____

_____

_____

【タテのキー】

_____

_____

_____

_____

_____

_____

_____

_____

_____

【ヨコのキー】

_____

_____

_____

_____

_____

_____

_____

_____

memo _____

_____

_____

_____

作成日　　　　　　　年　　　月　　　日

1	2	■	3	
4		5		■
	■		■	6
■	7		8	
9		■	10	

作成者

_____

テーマ

_____

パズルの紹介

_____

_____

_____

【タテのキー】

_____

_____

_____

_____

_____

_____

_____

_____

【ヨコのキー】

_____

_____

_____

_____

_____

_____

_____

_____

memo

_____

_____

_____

_____

作成日　　　　　　年　　　月　　　日

1		2	3	4
	■	5		
6	7	■	8	
9		10	■	
11				

作成者

_____

テーマ

_____

パズルの紹介

_____

_____

_____

【タテのキー】

_____

_____

_____

_____

_____

_____

_____

_____

【ヨコのキー】

_____

_____

_____

_____

_____

_____

_____

_____

memo _____

_____

_____

_____

作成日　　　　　年　　　月　　　日
_____

作成者

_____

テーマ

_____

パズルの紹介

_____

_____

_____

_____

【タテのキー】

_____
_____
_____
_____
_____
_____
_____
_____
_____

【ヨコのキー】

_____
_____
_____
_____
_____
_____
_____
_____

memo _____

_____

_____

_____

作成日 _____ 年 ___ 月 ___ 日

1	2	3		4
5			6	
7		8		9
		10		

作成者

_____

テーマ

_____

パズルの紹介

_____

_____

_____

【タテのキー】

_____

_____

_____

_____

_____

_____

_____

_____

_____

【ヨコのキー】

_____

_____

_____

_____

_____

_____

_____

_____

_____

memo

_____

_____

_____

_____

作成日　　　　　年　　　月　　　日

寺崎 美保子（てらさき　みほこ）通称てらこ

てらこヘリテージ株式会社　代表取締役

　1998 年秋「馬なりクン競馬まるごと大辞典」（イーストプレス）にてパズル作家デビュー。数々の連載をこなした後、au 公式「てらこのパズル」を公開。会員数 1 万人が集う人気サイトと化した。ほか、10 年以上に渡り「パズル放題99 円」(docomo,au,softbank 公式) を手掛け、現在に至る。

　趣味はクルーズ旅行、おい鑑賞、占い、テキサスホールデム（ポーカー）etc.。アミューズメントポーカースポット「新橋ハサウェイ」のオーナーを務めるほか、パズル以外にも幅広い事業展開をしている。

人気作家てらこの
クロスワードパズルの教科書　　　　　　　　　　　　　　　〈検印省略〉

2023 年 6 月 15 日　初版発行

著　者 / 寺崎 美保子
発行者 / 腰塚 雄壽
発行所 / 有限会社ナップ
111-0056
東京都台東区小島 1-7-13 NK ビル
Tel.03-5820-7522　Fax.03-5820-7523
制作 / 満天堂株式会社
https://mantendo-ltd.com/
装丁 / クリエイティブコンセプト
本文デザイン / 有限会社 A-link
印刷 / 三報社印刷株式会社